PNL

Comment se faire dire oui sans aucune résistance avec une méthode scientifique à travers les plus modernes techniques de manipulation mentale

Par

Armand Dubois

Sommaire

- Le début de la PNL 9
- Les applications de la PNL 13
- *Le fonctionnement du cerveau* *17*
  - L'iceberg de Freud 20
- *Les paradigmes de la pensée* *26*
  - Comment changer les paradigmes mentaux 30
- *Comment nous comportons-nous ?* *37*
- *Les méta programmes* *37*
  - Typologies de méta programmes 40
- *Comment établir une nouvelle habitude* *47*
  - Comment introduire une nouvelle habitude 50
- *Améliorer les compétences communicatives* *57*
  - Parce que la communication n'est pas toujours efficace 58
  - Techniques de manipulation mentale 79
- *PNL et persuasion* *90*
  - Techniques de persuasion 93
- *PNL dans la vente* *106*
  - Ma méthode de vente 110
- *Le leadership et la PNL* *121*
  - Conseils pour être un bon leader 125
- *Conclusions* *133*

© **Copyright 2020 - Tous droits réservés.**

Il est interdit de reproduire, dupliquer ou transmettre aucune partie de ce document en format digital ou papier. La diffusion de cette publication est strictement interdite et toute utilisation de ce document est interdite sans un préalable accord écrit de l'éditeur. Tous les droits sont réservés.

L'exactitude et l'intégrité des informations contenues dans ce document sont garanties, mais aucune responsabilité n'est assumée. C'est en fait, en termes de mauvaise compréhension des informations pour négligence, ou pour l'utilisation ou l'abus de toute politique, processus ou instructions contenues dans le livre, la responsabilité unique et absolue du lecteur destinataire. En aucun cas, il est permis de poursuivre ou d'accuser légalement l'éditeur pour tout dommage ou perte financière résultant des informations contenues dans ce livre, ni directement ni indirectement.

Les droits sont détenus par les respectifs auteurs et non par l'éditeur.

Mentions légales:

Ce livre est protégé par copyright. C'est seulement pour un usage personnel. Il est interdit de modifier, distribuer, vendre, utiliser, citer ou paraphraser toute partie du contenu de ce livre sans le consentement spécifique de l'auteur ou du propriétaire des droits d'auteur. Toute violation de ces conditions sera sanctionnée conformément à la loi.

Avertissement:

Veuillez noter que le contenu de ce livre est uniquement à des fins éducatives et de divertissement. Toutes les mesures ont été prises pour fournir des informations précises, actuelles et totalement fiables. Aucune garantie d'aucune sorte n'est explicite ou implicite. Les lecteurs reconnaissent que l'opinion de l'auteur ne se substitue pas à l'opinion juridique, financière, médicale ou professionnelle.

Histoire de la PNL

Est-il possible d'obtenir d'excellents résultats en peu de temps?

C'est ce que demandaient trois chercheurs américains dans les années 70: John Grinder, Frank Pucelik, Richard Bandler.

Les deux chercheurs qui ont commencé la recherche étaient Richard Bandler et Frank Pucelik, qui les ont rejoints plus tard, John Grinder.

Les résultats qu'ils ont obtenus de leurs recherches étaient non seulement surprenants, mais ont permis à de nombreuses personnes de changer leur attitude envers la vie.

Ils ont commencé cette recherche lorsqu'ils ont réalisé que certains hommes étaient capables d'obtenir des résultats exceptionnels en très peu de temps, hors de la moyenne.

Si vous vous êtes déjà demandé comment certaines personnes obtiennent d'excellents résultats en peu de temps, vous trouverez dans ce livre une solution qui vous inspirera.

Après avoir lu ce livre, j'espère qu'il changera quelque chose en vous.

Mon objectif est de vous faire réaliser des changements positifs qui peuvent apporter de grands bénéfices à la fois dans votre vie et dans votre travail.

Je ne vais pas vous fournir des formules magiques mais une méthode qui a été testée et appliquée au fil du temps par des millions de personnes à travers le monde qui ont obtenu de grands résultats.

Je ne veux pas vous dire qu'après avoir lu ce livre, votre vie changera automatiquement pour toujours. Mais je veux que ce soit un point de départ pour créer quelque chose de positif.

Je vous demande de ne pas vous dépêcher et de lire toutes les informations immédiatement, ce livre est un petit manuel que vous pouvez consulter chaque fois que vous en avez besoin.

Ce que vous êtes sur le point d'affronter, c'est un vrai petit cours de formation. J'ai inclus plusieurs techniques dans ce livre qui vous seront très utiles.

Le début de la PNL

Richard Bendler a choisi la psychologie comme discours, s'est inscrit à l'Université de Californie à l'âge de 20 ans en 1970 et a immédiatement collaboré avec Frank Pucelik.

Plus tard, John Grinder, qui à 20 ans était déjà professeur agrégé de linguistique à l'université, a rejoint leurs recherches.

John Grinder était probablement le plus jeune professeur d'université des États-Unis à l'époque.

Leur recherche s'est concentrée sur **l'étude des comportements** de Virginia Satir, la mère de la thérapie familiale et de Fritz Perls, fondateur de Gestalt Therapy.

Ces deux personnes au cours de leur vie avaient obtenu d'excellents résultats, l'équipe de recherche a donc voulu découvrir toutes les analogies comportementales et professionnelles entre les deux.

Ils ont alors commencé à prendre une grande quantité de notes et lentement, le groupe de recherche s'est agrandi.

En fait, plusieurs amis (qui sont devenus plus tard célèbres pour leurs recherches) ont rejoint le groupe de travail: **Robert Dilts, Judith DeLozier, Leslie Cameron, David Gordon.**

Ces dernières années, la recherche a conduit à des méthodologies que, encore aujourd'hui, de nombreuses personnes dans le monde appliquent quotidiennement pour obtenir des avantages et être plus productives.

Certaines de ces méthodologies sont :

- **<u>Ancrage</u>**
- **<u>Acuité sensorielle et calibration</u>**
- **<u>Systèmes de représentation</u>**
- **<u>Techniques de changement personnel</u>**

De ces recherches est né ce qu'on appelle aujourd'hui :

Programmation Neuro Linguistique ou plus simplement PNL.

La PNL est l'étude de la **structure de l'expérience subjective.**

Bendler et Grinder au cours de ces années ont observé des gens qui réussissaient dans tous les domaines et analysé leurs comportements et leur attitude de vie.

Ils n'observaient pas simplement le côté extérieur, c'est-à-dire leurs actions, mais ils étaient aussi et surtout intéressés par leur côté intérieur.

Ils voulaient comprendre comment ces gens pensaient, quelle attitude ils avaient au cours de leur vie, ce qui les différenciait des autres.

Ils ont obtenu de nombreuses réponses et leurs recherches sont toujours à l'étude dans le monde entier.

La PNL prend en compte tous les sens de l'être humain, puis les éléments visuels, corporels, émotionnels, auditifs et kinesthésiques sont analysés.

Ces chercheurs pensaient que toute expérience humaine est linguistiquement codifiable et précisément pour ces raisons, elle pourrait être transmise à d'autres hommes.

Ainsi, après avoir analysé ces personnes qui ont réussi, ils ont créé des séquences concrètes et précises selon lesquelles n'importe qui pouvait reproduire les mêmes résultats.

Les premiers volumes étaient intitulés "La structure de la magie 1" et "La structure de la magie 2".

En fait, ils se considéraient comme des magiciens capables d'apprendre n'importe quelle capacité une fois qu'ils avaient appris la structure invisible.

Les applications de la PNL

Cette méthodologie de réussite au cours des années et grâce à une multitude d'études a été appliquée dans divers domaines :

- **La manipulation mentale**
- **La persuasion**
- **Dans la vente**
- **Dans le relations humaines**

Beaucoup de gens croient que pour exceller dans un domaine, il faut faire quelque chose de différent des autres ou changer d'attitude de manière à être inimitable.

Vous devez savoir que toutes les personnes qui ont obtenu de grands résultats au cours de leur vie ont adopté une attitude comportementale et une méthodologie de travail similaire.

En réalité, il suffirait de copier les attitudes d'une personne qui réussit pour obtenir des résultats identiques ou similaires dans le même domaine.

Cela ne signifie pas que vous n'aurez pas besoin d'être formé et que vous devrez simplement vous comporter de la même manière.

Vous pouvez simplement inspirer leur comportement à exceller dans votre région.

C'est pourquoi il est souvent essentiel d'avoir **une source d'inspiration**, quelqu'un qui a fait une différence dans sa vie.

Si vous avez un bon guide et croyez fermement en elle, vous pouvez grandement améliorer vos prestations.

Ce qui différencie les gens, c'est principalement leur attitude mentale.

Avertissement !

Je ne parle pas d'intelligence mais **d'attitude mentale.**

Il y a des gens qui ne peuvent atteindre aucun objectif, qui sont submergés par des émotions négatives.

Ces personnes vivent probablement leur vie de manière passive parce qu'elles croient qu'elles sont incapables de la changer.

En fait, nous pourrions tous en bénéficier si nous le voulions vraiment.

Pour ces raisons, dans ce livre, je vais vous expliquer comment procéder.

De nombreuses personnes dans le monde ont obtenu d'énormes résultats au moment où elles ont réussi à changer leur façon de penser.

Ce n'est qu'avec la bonne approche de la vie que vous pourrez vivre en paix et ressentir des sentiments positifs.

Vous ne pouvez pas réussir au travail, à persuader les autres, à vendre un produit si vous avez une attitude mentale négative.

Dans ce livre, j'expliquerai comment grâce à la PNL j'ai réussi à changer ma vie en peu de temps.

Il est temps de changer quelque chose, il est temps de sortir de la roue de hamster, si vous voulez changer la routine habituelle et faire un vrai changement dans votre vie, le moment est venu de le faire.

Être persuasif vous permettra non seulement d'améliorer vos relations avec d'autres personnes autour de vous, mais aussi d'obtenir d'excellents résultats de travail.

Votre vie est destinée à changer si vous le voulez vraiment.

Le fonctionnement du cerveau

Pour obtenir d'excellents résultats dans votre vie et être plus persuasif envers les autres et être capable de manipuler les pensées des autres, vous devez comprendre comment fonctionne votre esprit.

Jusqu'en 1900, on croyait que l'esprit était un seul bloc et qu'il n'y avait aucune distinction à l'intérieur.

Au début des années 1900, le psychanalyste **Sigmund Freud** a radicalement changé ce point de vue.

Ses théories ont choqué les hommes pendant ces années et sont encore largement débattues.

Il est nécessaire de comprendre la vision de Sigmund Freud de notre esprit car elle représente l'un des piliers sur lesquels repose la PNL.

Si plusieurs fois vous vous êtes retrouvé dans des situations où vous ne compreniez pas pourquoi vous vous êtes comporté d'une certaine manière ou où votre partie rationnelle vous a dit de faire quelque chose et la partie irrationnelle une autre, ce chapitre vous ouvrira les yeux.

Freud croyait que l'esprit de l'homme était divisé en **3 sections :**

- **<u>préconscient</u>**
- **<u>conscient</u>**
- **<u>inconscient</u>**

Le **préconscient** représente toutes les sensations que vous pouvez percevoir extérieurement à travers vos sens. **Les rêves et les souvenirs** font également partie de cette partie de l'esprit.

La **partie consciente**, en revanche, est constituée **des pensées, des sentiments** dont vous êtes conscient à un moment précis.

C'est la partie de l'esprit qui vous permet de traiter vos pensées et de parler rationnellement. Dans la partie consciente, il y a aussi **la mémoire.**

La **partie inconsciente**, par contre, est la plus cachée, dont il est difficile de sortir. Il est principalement formé par un ensemble **d'impulsions, de sentiments**, de sensations qui vont au-delà de votre conscience.

Il y a aussi des sensations dans l'inconscient que vous avez tendance à cacher parce qu'elles vous sont inacceptables ou dont vous avez honte, comme des désirs immoraux ou des désirs sexuels refoulés, par exemple.

L'iceberg de Freud

Freud per spiegare meglio questa distinzione paragonò la mente dell'uomo ad un iceberg.

Lorsque vous êtes en pleine mer, même un petit iceberg si vous le heurtez peut être fatal.

Cela se produit parce que la partie la plus visible de l'iceberg est la partie consciente qui est également la plus petite partie. En fait, sous le niveau de l'eau, la plus grande partie de l'iceberg est cachée.

La majeure partie de la surface de l'iceberg est occupée par l'inconscient.

L'inconscient est la partie la plus cachée mais il est possible d'y travailler même si c'est plus difficile à cause des sentiments répressifs qui empêchent souvent la vie de changer pour le mieux.

Les psychothérapeutes et les psychologues s'occupent généralement de cela.

J'ai expliqué tout cela pour vous faire comprendre que lorsque vous interagissez avec une personne, vous n'avez pas à faire attention uniquement à la partie consciente mais aussi et surtout à la partie inconsciente.

La partie inconsciente se montre parfois dans la réalité à travers **le langage corporel**. Vous aurez certainement vu un homme qui dit quelque chose mais avec ses mouvements il dit autre chose.

Lors d'un entretien d'embauche, de nombreuses personnes se disent «calmes» mais en même temps elles transpirent et leurs mains tremblent. Ils ne peuvent pas gérer leur langage corporel.

Lorsque la partie inconsciente émerge, elle est perturbatrice, donc elle ne peut pas être contrôlée par l'homme. C'est pourquoi il devient nécessaire d'améliorer l'analyse de sa partie inconsciente et de travailler sur le «pourquoi».

Dans le chapitre suivant, lorsque je vous parlerai des **paradigmes mentaux,** je vous expliquerai comment le faire. Comme je l'ai dit, chacun peut travailler sur ses peurs, sur ses sentiments refoulés pour s'améliorer et avoir un langage plus efficace.

Comment vendre un produit ou un service si vous ne pouvez pas percevoir les sensations qui viennent de ceux qui sont devant vous?

Souvent, les vendeurs échouent à réaliser des ventes même s'ils croient jusqu'au dernier moment que tout va dans la bonne direction. Pourquoi cela arrive-t-il?

Je vous en parlerai également dans les prochains chapitres ...

Maintenant, ce que vous devez faire est d'apprendre parfaitement ces concepts, car ils seront la base de tout ce que je vais vous dire.

Vous devez avoir à l'esprit l'importance de l'inconscient et l'influence qu'il peut avoir sur les actions.

Nous utilisons souvent la terminologie de « glissement freudien » lorsque nous sommes confus en disant quelque chose.

A ces occasions, il arrive que l'inconscient émerge et nous fasse faire des choses liées à notre passé ou en tout cas à des émotions que nous voulons réprimer ou supprimer.

C'est le cas dans lequel vous appelez votre petite amie par le nom de l'ex. Beaucoup peuvent croire que c'est une simple erreur, Freud croyait fermement que cela provenait de l'intrusion soudaine de l'inconscient.

Plus tôt vous prendrez conscience de vos peurs les plus profondes qui génèrent de l'anxiété et du stress chaque jour et plus tôt vous obtiendrez les résultats que vous avez toujours voulus.

Une fois que vous aurez compris le langage corporel et la façon dont l'autre personne communique avec la PNL, vous aurez l'opportunité d'établir une relation.

La relation avec une autre personne se crée lorsque cette dernière baisse sa garde et commence à penser que vous lui ressemblez.

Les techniques de PNL vous permettront de prêter attention aux signaux sociaux que l'autre personne vous envoie et vous pourrez prendre le contrôle de la situation. Pour comprendre ces signaux, vous devrez essayer d'interpréter les messages qui viennent de l'inconscient.

Une phrase de **Gustav Jung**, un philosophe de 1900, m'a beaucoup impressionné et m'a fait allumer une ampoule dans le cerveau :

"Rendez conscient l'inconscient, sinon l'inconscient guidera votre vie et vous l'appellerez destin."

A partir du moment où j'ai pris conscience de ma partie inconsciente, ma vie a radicalement changé. Pour cette raison, je veux partager cette information avec vous et vous mettre en mesure de faire un rapide mental et physique dans votre vie.

Les paradigmes de la pensée

Vous êtes-vous déjà demandé pourquoi il y a des gens qui sont capables d'obtenir de bons résultats alors que d'autres sont beaucoup plus difficiles et n'atteindront probablement jamais leur niveau?

Beaucoup pensent que certaines personnes ont un talent inné, ce qui leur permet d'obtenir de meilleurs résultats.

En réalité, cette pensée n'est pas entièrement fausse, la différence entre ceux qui n'obtiennent pas de résultats et ceux qui les obtiennent est **l'attitude mentale**.

Souvent et volontairement, les plus grandes limites que l'homme rencontre ne viennent pas de l'extérieur mais de l'intérieur. Vous êtes celui qui les crée.

Il est important de comprendre ce concept car en dépassant ces limites que notre esprit crée dans notre inconscient, nous pouvons améliorer nos résultats dans tous les domaines de notre vie.

Giovanni est un vendeur mais croit fermement qu'il n'est pas possible de conclure plus de 5 contrats par mois.

Selon vous, quels seront les résultats de Giovanni?

Il ne pourra certainement jamais conclure plus de 5 contrats par mois car il a une mentalité et par conséquent une série d'habitudes qui ne lui permettent pas d'atteindre ce résultat.

Bob Proctor décrit les limites de l'esprit humain avec le nom de «paradigmes».

Les paradigmes mentaux produisent des résultats et s'ils ne sont pas ce que vous voulez, si vous ne comprenez pas que ces résultats dérivent de vos paradigmes, vous ne pourrez jamais les changer.

La plupart des gens passent la majeure partie de leur vie sans jamais changer leurs résultats et sans trouver une solution ou quelque chose qui s'améliorera.

Le secret est …

Si vous voulez changer les résultats, vous devez vous changer.

Ce que vous devez changer, c'est votre conditionnement subconscient.

Selon Bob Proctor, le paradigme n'est rien de plus qu'une série d'habitudes programmées dans l'esprit subconscient qui contrôlent le comportement.

Votre comportement provoque vos résultats.

Il faut donc comprendre que …

Si vous souhaitez modifier vos résultats, ne regardez pas à l'extérieur de vous-même.

Ne cherchez pas d'excuses, ne donnez pas de responsabilité aux autres si vous ne pouvez pas atteindre **VOTRE** objectif; ce n'est pas la faute de votre patron, de l'économie, ce n'est rien de tout cela.

Comment changer les paradigmes mentaux

Maintenant, vous vous demandez: "Comment puis-je changer mes paradigmes alors?"

La première chose à faire est de **réfléchir au résultat** avec lequel vous souhaitez le changer.

Par exemple, si vous vous détendez toute la journée et que vous voulez changer de style de vie, la première chose à faire est de comprendre ce qui vous fait passer la journée comme ça.

C'est votre subconscient qui est programmé avec cette mauvaise idée.

Pour changer le résultat que vous souhaitez obtenir, je vous suggère de noter le résultat négatif que vous obtenez à un moment donné sur une feuille.

Par exemple: "Je paresser toute la journée et je ne fais pas de sport, je passe la plupart de ma journée sur le canapé".

Quelles sont les actions que vous pourriez entreprendre qui sont à l'opposé de celles-ci?

Ecrivez au présent, en guise de déclaration: "Je suis tellement heureuse et reconnaissante que quand je me réveille je fais du sport et je bouge souvent", c'est tout.

Vous devrez le répéter plusieurs fois par jour.

Je sais que maintenant vous pensez que ce sont des conneries ou que vous n'aurez aucun résultat, mais je vous conseille de répéter cette phrase positive positive au moins 100 fois par jour pendant environ 30 jours.

Je vous garantis que vous commencerez vraiment à changer votre style de vie et que vous bougerez beaucoup plus.

Savez-vous pourquoi tout cela se produit?

Parce que vous **avez planifié une nouvelle idée** dans votre esprit qui prend le dessus, la vieille idée meurt à la place d'un manque de nourriture. La vieille idée était simplement une habitude.

De cette façon, vous aurez programmé une habitude qui remplacera l'ancienne.

En réfléchissant à cette phrase affirmative, imaginez mentalement la scène. Si cela fonctionne dans ce cas, cela fonctionne dans n'importe quel autre domaine.

Même dans les ventes, vous pouvez utiliser cette méthode et changer vos paradigmes.

"Je suis heureux et reconnaissant maintenant que je passe un contrat avec les clients avant 9 heures du matin en leur proposant d'acheter."

L'état dans lequel vous vous trouviez auparavant dans la situation où vous étiez allongé sur le canapé ou vous vous leviez en fin de matinée était ...

"Je ne suis pas du tout devant les clients, j'ai peur de conclure la vente."

Alors comprenez-vous que changer l'idée qui est fixée dans votre esprit devient une étape fondamentale que vous ne pouvez pas éviter?

Je vais vous dire un secret ...

La répétition est la première loi de l'apprentissage.

Essayez une chose simple qui fonctionne comme de la pure magie, même si ce n'est manifestement pas le cas.

Ce n'est qu'avec la répétition que vous pourrez établir une nouvelle habitude, j'en parlerai dans les prochains chapitres.

Pour persuader, manipuler et vendre beaucoup plus, vous devez d'abord apprendre ces concepts. Si vous avez un esprit avec de nombreuses limites, vous pouvez apprendre n'importe quelle notion, vous pouvez étudier n'importe quelle méthode mais vous n'atteindrez jamais les résultats que vous voulez vraiment.

Souvent, il y a des gens qui sont très bien formés, ils ont toutes les références pour réussir mais n'y parviennent pas.

Il y a d'autres personnes qui ont un tel atout mental solide, qui ont un dialogue beaucoup plus ouvert avec leur partie inconsciente que je peux mieux travailler et obtenir plus de résultats.

Vous avez certainement vécu au moins une fois dans votre vie voir un vendeur qui communiquait de manière magnétique, qui aurait pu vous vendre n'importe quoi.

En général, ces personnes ne sont pas seulement de bons communicateurs, mais ont leur part consciente et inconsciente en ligne et ont donc un impact beaucoup plus fort sur votre attention.

Après avoir lu ce chapitre, je vous recommande de faire <u>un</u> exercice.

S'il vous plaît…

Ne continuez pas à lire le livre sans pratiquer les exercices que je propose. Je veux que vous obteniez des résultats et que vous commenciez à changer votre vie.

L'exercice que je vous demande de faire est de commencer à réfléchir à votre limite mentale et d'appliquer les conseils que je vous ai donnés dans ce chapitre.

Bob Proctor, entraîneur expérimenté tout au long de sa vie avec ces méthodes et d'autres a changé la vie de millions de personnes.

J'ai appris ces notions, je les ai appliquées, j'en ai bénéficié et maintenant je pense qu'il est juste de les diffuser à d'autres personnes comme vous qui ont cru en moi en achetant ce livre.

*"Seuls ceux qui risquent d'aller trop loin peuvent découvrir jusqu'où ils peuvent aller."
- Thomas Stearns Eliot*

Comment nous comportons-nous ?

Les méta programmes

L'homme adopte souvent et volontairement certains comportements inconscients. Vous êtes-vous déjà demandé pourquoi vous n'avez pas besoin de réfléchir pour effectuer l'action de respiration ?

Je parie que ce matin, quand tu as attaché tes chaussures, tu ne pensais pas comment faire.

Pourquoi tout cela se produit-il?

Tout simplement parce qu'au cours de notre vie, nous avons réussi des actions tellement de fois que nous les prenons maintenant pour acquis et qu'elles se produisent inconsciemment.

Ces processus inconscients, comme vous pouvez l'imaginer, ont des effets sur nos vies.

Même **les décisions que vous prenez sont influencées par votre côté inconscient.**

Plusieurs fois, vous agissez sans savoir ce qui est réellement juste, mais vous faites simplement confiance à vos sentiments. Les décisions sont très importantes car de celles-ci découlent les actions qui influencent finalement le destin.

Il pourrait donc être très utile de comprendre quels programmes sont présents dans votre inconscient qui vous font effectuer certaines actions plutôt que d'autres, n'est-ce pas?

Cette question a également été posée par **Carl Gustav Jung** qui est venu à la conclusion que les humains sont habitués à catégoriser chaque action. C'était lui pour la première fois à utiliser la terminologie « **méta-programmes** », c'est-à-dire les modèles de comportement que l'homme utilise pour interagir avec le monde.

Son livre "Types psychologiques" écrit en 1921 est devenu l'une des pierres angulaires de cette théorie.

Essayez maintenant d'imaginer à quel point il pourrait être utile de comprendre à l'avance quel méta-programme la personne à qui vous parlez utilise, puis agissez en conséquence.

Si vous pouviez comprendre qu'une personne a un certain modèle de comportement inconscient, en fait, vous pourriez au mieux vous rapporter à elle. Vous comprendrez d'abord ses besoins les plus profonds et ce qu'il recherche chez les autres.

Typologies de méta programmes

Il existe différents types de méta-programmes, mais je ne décrirai que les principaux qui affectent la plupart des gens.

Je vais vous dire un secret ...

Pour être un bon manipulateur mental et un excellent vendeur, vous devez être capable de comprendre ce que les modèles de comportement que l'autre personne avec qui vous communiquez adopte à ce moment. De cette façon, vous conclurez la comparaison à votre avantage.

J'ai appliqué et vu ces méthodologies appliquées par de nombreux vendeurs, je peux vous assurer que les résultats qu'ils obtiennent sont bien au-dessus de la moyenne.

L'homme a besoin de trouver quelqu'un à qui parler, quelqu'un qui peut comprendre ses besoins, vous pouvez être la bonne personne si vous commencez à travailler sur vous-même et ensuite à entrer en relation avec les autres.

Tout le monde communique, tout le monde essaie de vendre quelque chose mais seuls quelques-uns sont capables de convaincre et de s'accorder avec l'autre.

L'un des méta-programmes les plus populaires est le **"vers / loin de"**.

Si vous y réfléchissez en général, les choix que vous faites sont motivés par un comportement interne qui vous pousse VERS quelque chose que vous aimez, que vous aimeriez faire ou qui vous éloigne de quelque chose que vous craignez ou que vous n'appréciez pas de toute façon.

Imaginez le moment où vous allez faire un achat, vous vous comportez toujours de deux manières.

Je vais vous donner un exemple ...

Imaginez aller au marché aux poissons et acheter une dorade car c'est votre poisson préféré et vous avez hâte de le manger avec un peu de citron. Dans ce cas, allez VERS quelque chose qui vous fait plaisir.

Vous pouvez également acheter de la dorade car vous ne voulez pas manger de viande tous les jours car elle est mauvaise pour la santé. C'est le cas lorsque vous vous éloignez d'un problème, de quelque chose que vous n'aimez pas.

Vous ne pouvez pas sous-estimer les méta-programmes car par rapport à eux, votre communication peut devenir beaucoup plus efficace.

Pour un vendeur, cette différence devient même fondamentale. Si vous faites face à une personne qui a un méta-programme «VERS», illustrer les avantages de ce que vous allez offrir aura certainement un effet beaucoup plus percutant.

Si, au contraire, vous rencontrez une personne qui a un méta-programme «LOIN DE», il devient fondamental de souligner qu'en faisant ce choix, vous pouvez éviter les autres.

Deux autres méta-programmes qui sont souvent utilisés par les attitudes inconscientes des gens sont des références internes et externes.

Il y a deux typologies de personnes :

- **Qui prend les décisions du ventre**, déclarées par les pensées des autres

- **Qui prend les décisions en accordant de l'importance à la pensée des autres** et en agissant en conséquence

Évidemment, avec ces deux types de personnes, vous devrez interagir différemment. Une personne qui a une forte référence interne veut toujours décider par elle-même, vous adopterez donc une attitude incorrecte si vous essayez de lui donner des conseils.

Vous devrez alors communiquer d'une manière qui l'incitera à prendre une décision. Mais la décision doit venir d'eux, vous devez donc leur faire sentir le centre d'attention.

Vous pouvez utiliser des expressions telles que:

"Tu as eu une excellente idée"

"Que pensez-vous de ce produit?"

"Que pensez-vous d'ajouter ce service?"

"Vous avez bien pensé"

Alors que pour ceux qui ont un méta-programme externe de référence, vous devrez vous tourner d'une manière complètement différente. Comme je l'ai dit plus tôt, le jugement des autres est également très important pour ces personnes.

Vous pouvez donc utiliser par exemple des phrases comme:

"Vous ferez bonne impression avec ce produit"

"Tout le monde parlera du bien de vous"

"Votre entreprise sera sur toutes les lèvres"

"Votre réputation aura une amélioration incroyable"

En établissant une relation correcte avec ces personnes, vous pouvez être beaucoup plus convaincant et persuasif.

Rappellez...

Vous ne devez PAS avoir la même approche de communication avec toutes les personnes avec lesquelles vous interagissez. Vous devez apprendre à personnaliser votre façon de communiquer pour que les autres se sentent à l'aise.

Les personnes qui vous parleront se sentiront très comprises et verront en vous quelqu'un avec qui elles pourront vraiment s'ouvrir et expliquer leurs besoins.

Depuis que j'ai commencé à analyser les gens et à vraiment comprendre leurs méta-programmes, j'ai réussi à communiquer d'une manière complètement différente et j'ai tout de suite trouvé des résultats positifs.

Je vous invite à appliquer ces stratégies et à accorder plus d'attention à l'attitude des autres.

Comment établir une nouvelle habitude

Pour obtenir des résultats différents, vous devez apporter des changements dans votre vie.

Chaque homme qui réussit a un certain nombre d'habitudes réussies qui le conduisent à mener une vie correcte.

Au cours des années, j'ai pris de nouvelles habitudes, au départ c'était aussi très difficile pour moi car j'essayais de le faire uniquement et uniquement avec ma volonté.

Ensuite, j'ai réalisé qu'il y avait quelque chose qui n'allait pas parce qu'à chaque fois que je voulais insérer une nouvelle habitude dans ma routine, après un certain temps, je l'abandonnais et je retournais à mon ancien style de vie.

Je ne pouvais pas comprendre comment cela pouvait être possible mais il tombait continuellement dans le même piège.

Pour ces raisons, j'ai commencé à m'informer et j'ai trouvé une solution à ce problème en PNL. Cela m'a permis d'apprendre certaines choses qui vous permettent de contrôler les schémas mentaux et d'atteindre l'excellence.

Pour former de nouvelles habitudes, il est essentiel d'avoir:

- **<u>Un processus</u>**
- **<u>Une identité</u>**

Les personnes qui réussissent ont un processus, c'est-à-dire des habitudes positives. Une personne au physique très défini, manger tous les jours de manière saine, toujours faire du sport, ce sont des habitudes qui se sont construites au fil du temps.

Une personne qui parvient à vendre beaucoup, a d'autres habitudes, par exemple elle s'entraîne, étudie, apprend tous les jours, essaie d'améliorer sa communication et ainsi de suite.

Il n'est pas nécessaire d'avoir uniquement et exclusivement un processus d'habitudes pour réussir car il devient alors indispensable de pouvoir le maintenir dans le temps.

Il est essentiel et nécessaire d'avoir une identité, si vous voulez changer vos habitudes vous devrez le faire par rapport à ce que vous voulez devenir, vous ne pourrez jamais changer d'habitude juste pour atteindre un objectif à court terme.

Comment introduire une nouvelle habitude

Le premier conseil que je peux vous donner pour introduire une nouvelle habitude dans votre vie est d'ouvrir votre esprit. Selon Richard Bendler l'un des fondateurs de la PNL, imaginer une action dans son esprit avant de s'en rendre compte peut vous permettre d'installer la nouvelle habitude plus facilement.

Ce processus si vous avez des blocages mentaux ou émotionnels peut ne pas fonctionner. Je vous conseille d'appliquer mes conseils pour commencer d'abord à mettre en place des habitudes plus simples et plus tard plus complexes.

Tout ce que je vous dis a fonctionné pour moi et pour beaucoup d'autres hommes dans le monde. Il faut avoir l'esprit ouvert et ne pas fixer de limites, si vous êtes le premier à douter des résultats que vous pouvez obtenir, vous n'obtiendrez jamais de résultats.

La première étape à faire sera d'identifier un comportement ou une mauvaise habitude que vous souhaitez changer.

Par exemple, si vous êtes une personne qui se réveille tard le matin, une mauvaise habitude pourrait être de dormir très tard le soir.

Une fois que vous avez identifié cette mauvaise habitude, commencez à réfléchir et à imaginer comment vous vous comportez dans ces situations.

Maintenant, le moment est venu d'identifier ce que vous voulez, vous devez créer une image dans votre esprit. Alors trouvez un modèle positif, souvenez-vous d'un moment du passé où vous implémentiez ce modèle, pensez même si vous avez fait quelque chose de similaire dans un autre contexte et imaginez tout.

En imaginant tout cela, **commencez à bouger** comme si vous viviez vraiment ce moment et ce sentiment.

Identifiez maintenant **un trigger externe**, c'est-à-dire quelque chose, un message externe à associer à cette habitude particulière. Par exemple, pour mes habitudes, je devais préparer le petit déjeuner à 7 heures du matin, quand j'entendais la musique de l'heure exacte à la télévision. J'avais associé mon habitude à ce son, à ce signal.

Il est important d'avoir un déclencheur externe car même dans les moments où vous pouvez avoir un oubli, cela vous permet de rester concentré sur ce que vous devez faire. Cela vous ramène sur Terre. Tôt le matin, je peux vous assurer que vous serez peut-être très distrait.

Imaginez maintenant faire cette action, cette nouvelle habitude, de la répéter également dans le futur. Imaginez les avantages que vous pouvez obtenir et la personne que vous pourriez devenir.

Je vous ai donné l'exemple du réveil du matin car l'une des habitudes les plus difficiles pour une personne qui n'a pas d'horaires est de se réveiller très tôt.

Il faut savoir que la plupart des gens qui réussissent se réveillent tôt le matin, de 5 à 8 heures. Plus tôt vous vous réveillerez, plus vous aurez de temps à profiter pour vous améliorer et mieux vous préparer aux moments importants de la journée.

Aux petites heures du matin, pendant que tout le monde dort, vous pouvez méditer pour détendre votre corps, faire de l'activité physique pour libérer des endorphines (on les appelle aussi l'hormone du bonheur pour son effet bénéfique), vous pouvez également manger et jouer des actions très importantes pour vous.

À 8 heures du matin, vous seriez prêt à pouvoir contacter vos clients et répondre aux e-mails professionnels. Vous auriez beaucoup plus d'heures à utiliser. Pour effectuer ce changement de vie, cependant, vous devez nécessairement établir de nouvelles habitudes.

N'oubliez pas que si vous voulez vous améliorer, vous devez d'abord changer votre atout mental car cela affecte vos actions.

La méthode que je vous ai expliquée dans ce chapitre peut être appliquée à l'apprentissage de n'importe quelle habitude.

Ce que je peux vous conseiller et procéder étape par étape, n'essayez pas tout de suite d'introduire des habitudes trop différentes des vôtres.

Par exemple, si vous vous réveillez généralement à midi, n'essayez pas de vous réveiller le lendemain à 5 heures du matin, mais vous pourriez le faire mentalement et physiquement, cela pourrait être très stressant pour vous.

Pour ces raisons, essayez de vous réveiller d'abord à 10 heures, puis à 8 heures, puis à 5 heures lorsque vous vous sentez prêt. L'insertion d'une nouvelle habitude, quelle qu'elle soit, doit être progressive.

Le risque inverse provient de la génération d'un effet négatif qui peut vous faire vous sentir inadéquat et vous faire mépriser ce nouveau choix de vie que vous avez fait.

Pour mettre en œuvre une habitude, il est conseillé de pratiquer les nouvelles actions pendant au moins 30 jours consécutifs, puis cela devrait entrer dans votre routine et devenir inconscient.

Vous avez tous les moyens d'améliorer votre vie, ne vous laissez pas abattre par ceux qui vous disent que ce n'est pas possible, vos limites sont celles que vous vous imposez, si vous le voulez vraiment vous pouvez les détruire.

« Être déprimé est une habitude; être heureux est une habitude; et le choix vous appartient. » - Tom Hopkins

Améliorer les compétences communicatives

Vous êtes-vous déjà demandé comment améliorer vos compétences en communication? En fait, il arrive souvent que nous ne soyons pas compris. Il semble que les autres n'écoutent pas ou ne s'intéressent pas à tout ce que nous disons.

Cette condition nous met mal à l'aise, nous ne nous sentons pas appréciés ou compris. Si vous vous êtes retrouvé dans cette situation au moins une fois, ne vous inquiétez pas, cela arrive souvent à beaucoup d'hommes.

Parce que la communication n'est pas toujours efficace

Tout cela n'est pas seulement dû à votre communication mais au fonctionnement du cerveau humain.

Notre cerveau élimine toutes les informations inutiles à travers des processus inconscients. S'il ne le fait pas, le risque que nous courrions serait de devenir fou.

Imaginez-vous assis sur une chaise et commencer à percevoir les sensations de cette chaise, entendre le bruit au loin de l'enfant jouant avec le ballon à proximité, la personne à l'étage qui va et vient dans la maison et ainsi de suite.

Vous ne seriez pas capable de vous concentrer sur quoi que ce soit et risqueriez de devenir fou parce que votre esprit continuerait à errer dans le noir.

Heureusement, les processus inconscients de notre cerveau vous permettent d'éviter ces situations désagréables.

Alors ne vous inquietez pas ...

Vous n'avez aucun problème.

Maintenant, je vais mieux expliquer comment notre esprit fonctionne et pourquoi parfois la communication avec les autres est inefficace, même si vous travaillez dur.

Vous devez savoir que l'esprit:

- **Elimine**
- **Deforme**
- **Généralise**

Cela, comme je l'ai dit, n'arrive pas à surcharger votre cerveau avec des informations inutiles qui ne sont pas nécessaires pour survivre. C'est un véritable instinct de survie que votre corps exerce inconsciemment chaque jour.

Quant à l'élimination, certaines informations sont ignorées par le cerveau car elles ne sont pas considérées comme pertinentes. C'est la situation dont je parlais auparavant (chaise, enfant), vous ne pourriez détecter cette information que lorsque vous élargissez votre conscience.

Le deuxième processus concerne les distorsions, c'est-à-dire que nous essayons d'adapter toute information que nous recevons à notre perspective des choses. Si je pense que le problème de l'Italie, par exemple, ce sont les immigrés, si j'entends une nouvelle dans laquelle un Italien et un immigré ont tué deux personnes, je me concentrerai sur l'immigré car cela reflètera la vision «négative» que j'ai dans mon cerveau.

Enfin, le dernier processus qui active notre esprit est celui des généralisations. Ce sont toutes des situations dans lesquelles l'esprit associe par un sens une situation qui s'est déjà produite auparavant.

Cela nous permet de ne pas nous concentrer sur des choses inutiles.

C'est le cas dans lequel nous avons déjà vécu plusieurs fois la même situation.

Par exemple, si je sens le pain fraîchement sorti du four, je peux en déduire que c'est bon, précisément parce que je l'ai mangé plusieurs fois et que j'associe cette odeur au goût.

Par ce processus, l'esprit élimine ces pensées qui deviennent inconscientes.

Comment pouvez-vous profiter de ces informations?

Eh bien, si vous êtes une personne qui fait des présentations commerciales ou de produits, ce chapitre peut être très utile.

Si vous êtes une personne qui ne s'occupe pas de cela, vous pouvez adapter ces concepts à d'autres domaines de votre vie.

Dans l'entreprise, si vous avez fait une présentation au moins une fois, vous aurez remarqué que si tout le monde était prudent, quelque chose leur échappait, tout le monde écoutait quelque chose de différent.

Même vous-même probablement lorsque vous êtes allé à une conférence avec un grand nombre de diapositives vous aurez perdu votre concentration et vous aurez manqué un passage.

Calme, c'est absolument normal, je vous ai expliqué que le cerveau humain fonctionne de cette façon, élimine les informations qui ne sont pas nécessaires et généralise.

C'est frustrant de faire beaucoup d'efforts pour faire une présentation et de ne pas être apprécié, n'est-ce pas?

La plupart du temps, les personnes dans ces situations deviennent démoralisées et croient simplement qu'elles sont incapables de communiquer efficacement.

La situation est assez différente, vous pouvez adopter des conseils utiles pour vos diapositives.

Le cerveau humain est incapable de traiter beaucoup de nouvelles informations en même temps, c'est pourquoi vos diapositives et présentations ne doivent pas contenir beaucoup d'informations mais seulement les principales.

Si quelqu'un vous demande plus tard des éclaircissements, cependant, vous ne les donnerez pas au début car vous pourriez ennuyer tout le monde.

Donc, des diapositives avec peu d'écrits et peu de concepts.

Utilisez des images à fort impact visuel, de cette manière vous attirerez l'attention et le côté émotionnel de ceux qui les visualisent, vous vous différencierez de tous ceux qui présentent toujours les mêmes diapositives ennuyeuses avec des listes à puces et sans aucune image.

Malgré ces mesures, vous rencontrerez toujours quelqu'un qui n'est pas satisfait de votre présentation, qui est distrait, qui n'a pas saisi les aspects fondamentaux.

Vous vous demandez: pourquoi cela se produit-il?

Eh bien, rappelez-vous que l'esprit effectue des processus de distorsion pour adapter la réalité à sa vision et à sa généralisation. S'il vous est arrivé d'exprimer une idée et de la comparer à une autre qui a des caractéristiques différentes, vous avez subi un processus de généralisation.

Cependant, cela n'a pas à vous assommer, mais simplement la PNL vous fait réaliser que chaque homme a sa propre vision de la réalité, qui est unique.

Il y a évidemment des hommes qui semblent toujours d'accord, qui pensent de la même manière, en réalité ce n'est pas le cas. Ces personnes ont simplement des schémas mentaux similaires qui vous permettent d'avoir une perception très similaire de la réalité.

Dans les prochains chapitres j'expliquerai comment mieux communiquer avec les autres et ainsi améliorer vos relations, donc votre vie privée mais aussi votre vie professionnelle.

Il est temps de sortir de votre zone de confort, il est temps de comprendre comment fonctionne votre esprit et d'appliquer vraiment les conseils de PNL dans votre vie.

Vous ne pouvez pas être satisfait des actions que vous entreprenez chaque jour. La vie est différente et vous le savez très bien.

La vie n'est pas un contentement, ce n'est pas une excuse mais elle est faite de responsabilité, d'émotions, de rêves, d'argent et de sérénité.

Je sais qu'au fond vous êtes d'accord avec ces déclarations. C'est précisément pour cette raison que je crois que ce livre vous sera très utile.

Traitez ce livre comme un véritable manuel à lire et à relire pour obtenir d'excellents résultats dans votre vie.

«Les mots sont individuellement la force la plus puissante disponible pour l'humanité. Nous pouvons choisir d'utiliser cette force de manière constructive avec des mots d'encouragement ou de manière destructrice en utilisant des mots de désespoir. Les mots ont de l'énergie et du pouvoir dans leur capacité à aider, guérir, entraver, blesser, endommager, humilier et nous rendre humbles. » - Yehuda Berg

Stratégies de la PNL dans les relations

Dans la vie, les émotions sont l'une des choses qui peuvent avoir beaucoup d'influence sur votre humeur et vos émotions, positivement ou négativement.

Apprendre à se relier correctement aux autres devient donc fondamental.

Souvent, les gens ne se sentent pas compris, ils ne peuvent pas comprendre ce qu'ils ont fait de mal, parce qu'une personne a changé son attitude à leur égard. Ces situations provoquent la plupart du temps de forts sentiments de mécontentement, on se sent insuffisant.

Lorsqu'il s'agit d'un client, sur le lieu de travail, il n'est pas toujours possible de créer une forte empathie, car il devient difficile de mener à bien une négociation, même s'il y a des avantages pour les deux parties.

Tout ce que je vais vous dire dans ce chapitre, je l'ai vécu personnellement et j'en ai vu les résultats. Ma vie a radicalement changé, je me suis sentie beaucoup plus confiante que moi, j'ai constamment établi des relations constructives et positives, je vais vous expliquer comment je l'ai fait.

La PNL enseigne que pour avoir une meilleure relation avec les autres, il faut essayer d'être moins intransigeant envers soi-même.

En fait, si vous remarquez plusieurs fois, nous sommes intransigeants avec les autres parce que nous nous fixons des normes élevées et par conséquent nous nous jugeons plusieurs fois, même négativement. Alors cherchons ce que nous ne pouvons pas accomplir chez les autres. Cette intransigeance ne mène à rien de positif.

Vous devez vous permettre de vous tromper, d'échouer et de l'accepter, cela fait partie de la vie de chaque homme. **Il n'y a jamais eu et n'existera jamais une personne qui n'a jamais failli,** même une fois dans sa vie, dans aucun domaine.

Au moment où vous serez plus permissif, moins intransigeant envers vous-même, vous le serez aussi avec les autres. Une attitude d'une autre personne qui ne vous satisfait pas à cause de vos exigences élevées et de votre rigidité avec vous-même, ne vous amènera pas à vous en aller mais à essayer de la comprendre si vous êtes moins prétentieux.

Avant d'avoir une conversation et d'établir une nouvelle relation, demandez-vous si vous êtes dans le bon état émotionnel.

Souvent, j'étais en colère, triste ou pensif, quand j'appelais un client, je ne pouvais jamais conclure une affaire parce qu'il sentait que quelque chose n'allait pas chez moi. Cependant, je me suis rendu compte qu'à chaque fois que je parlais et que je me sentais positif, plein d'énergie, mes résultats s'amélioraient beaucoup.

C'est pourquoi il est nécessaire qu'une relation soit dans le bon état mental pour se rapporter à l'autre. Si vous pensez que vous n'êtes pas à ce moment-là, prenez le temps, respirez, attendez, quand vous vous sentez prêt, agissez.

Une autre erreur très courante que j'ai commise a été d'attendre que d'autres personnes viennent me voir, pour parler, pour s'excuser, pour faire quelque chose. Si vous attendez que le monde vienne à vous, vous montre quelque chose, le risque est de ne plus jamais quitter cette boucle.

Ce qui empêche les gens de faire quelque chose, de parler et de s'ouvrir aux autres, c'est la peur d'être blessé, de ne pas être compris, d'échouer. Je vous conseille **d'essayer de parler aux autres**, s'ils comprennent votre pensée, votre façon d'être, votre état émotionnel vous aurez construit une nouvelle relation inversement vous n'aurez rien perdu.

N'attendez pas que les autres fassent le premier pas.

Nous essayons souvent d'imiter les autres en pensant que c'est le meilleur choix. En fait, **vous devez comprendre que chacun de nous est unique.**

Pensez à une chose ...

Votre empreinte digitale est différente de celle de 7 milliards de personnes, vous êtes comme un diamant unique, précieux, introuvable. Votre travail n'est pas de copier le style de vie des autres ou de vous comporter comme les autres, vous devrez adapter toute information à votre personne, à votre façon de faire.

N'ayez pas peur d'être unique, ne vous comparez pas aux autres parce que vous vivez votre vie et non celle de quelqu'un d'autre. Le risque d'agir comme quelqu'un d'autre est que vous ne pourriez jamais le faire, simplement parce que ce n'est pas votre vie.

Dans tous les cas il y aura toujours quelqu'un prêt à vous critiquer, ne perdez pas d'énergie pour essayer de le faire changer d'avis, surtout s'il veut vous rabaisser, suivre votre chemin et toujours croire en vous et en votre potentiel.

L'une des techniques de communication souvent utilisées par ceux qui connaissent les méthodes de la PNL est la **stimulation d'une relation**. Avec cette méthodologie, vous devrez faire correspondre votre personnalité à celle d'une autre personne lors d'une conversation, c'est-à-dire que vous devrez assumer ses mouvements, ses mots, sa neurologie, ses expressions.

Lorsque vous stimulez et associez les mots d'autrui et ses expressions non verbales telles que les gestes et la respiration, vous créez une relation magique. Évidemment, l'autre personne ne doit pas percevoir que vous imitez sa façon d'être car il pourrait être agacé ou se moquer de vous.

Si vous commencez à maîtriser cet art, vous pouvez développer des relations avec les gens très rapidement et au fil du temps.

Pour établir de nouvelles relations, vous devrez les placer au sommet de votre échelle hiérarchique, avant tout autre type d'entreprise. De cette façon, vous pouvez également renforcer les relations avec vos proches. Vous avez besoin des personnes autour de vous pour vous soutenir dans vos activités, ne vous isolez pas, cela ne peut que blesser votre personne.

La PNL m'a aussi appris à ne pas me sentir jugée par les autres, à me détendre et à ne pas penser à ce que les gens disent. Si vous y pensez quand vous jugez quelqu'un, vous utilisez vos critères personnels pour le faire, qui sont basés sur vos valeurs, vos normes et vos croyances, sur tout ce qui est important pour vous et ce qui ne l'est pas.

Donc, comme vous pouvez bien l'imaginer lorsque vous jugez une autre personne, vous le faites sur la base de **VOS** valeurs, de la même manière lorsque quelqu'un exprime un jugement sur vous.

Pour ces raisons, les critères de jugement ne sont pas objectifs mais sont en relation avec l'expérience personnelle vécue par chaque individu.

"Se remettre en question est la meilleure façon de comprendre les autres." - Michel-Ange

PNL et la manipulation mentale

La manipulation mentale est-elle vraiment un processus qui peut être fait en réalité? Est-ce quelque chose qui peut être fait de manière éthique?

Vous avez sûrement vu de nombreux films où il y a des gens qui peuvent manipuler l'esprit des autres pour atteindre leurs fins louches.

En fait, manipuler l'esprit de quelqu'un est quelque chose qui est non seulement faisable, mais cela ne devrait pas non plus prendre une connotation aussi négative.

Les techniques de PNL peuvent souvent être utilisées pour inciter d'autres personnes à adopter certains comportements.

De nombreux vendeurs utilisent ces méthodes pour convaincre les clients d'acheter. C'est quelque chose d'absolument légal.

Tout cela n'a rien à voir avec l'hypnose ou avec des contraintes physiques que vous devez imposer à l'autre pour le forcer à se comporter d'une certaine manière que vous appréciez.

Je peux vous assurer que ce sont de vraies techniques, qu'elles fonctionnent et que de nombreux experts les adoptent chaque jour. En les utilisant, j'ai réussi à obtenir d'excellents résultats, j'ai donc décidé de les partager avec vous.

La PNL n'est pas née dans le but de contrôler l'esprit des autres, mais son but est de comprendre pourquoi nous nous comportons d'une certaine manière et comment être en phase avec notre partie inconsciente également.

Ces techniques de **manipulation mentale** reposent précisément sur cela, c'est-à-dire pouvoir **mieux communiquer avec l'inconscient des autres**, avec leur partie la plus cachée et la plus sombre.

Vous devez savoir que votre esprit filtre toute information, à la fois celle qui est communiquée par la partie consciente et celle de la partie inconsciente. Cela signifie que même un simple mouvement corporel pourrait vous faire percevoir de manière positive ou négative.

Il n'y a pas que la communication verbale mais aussi la communication corporelle comme vous le savez bien. Ces techniques utilisées par des personnes qui ont des fins contraires à l'éthique pourraient avoir un impact négatif considérable sur la société.

Votre esprit a un pouvoir incroyable, il peut être programmé si vous voulez vraiment qu'il fasse des actions extraordinaires. Ne vous mettez pas de limites, je vais maintenant vous expliquer comment devenir plus convaincant et attirer l'attention des autres en agissant sur leur esprit.

Alors par où commencer? Quelle est la première chose à faire pour mieux manipuler l'esprit d'une autre personne?

Techniques de manipulation mentale

La première chose à faire est de prêter attention à la personne qui interagit avec vous. Cela signifie que **vous ne pouvez pas manipuler l'esprit de quelqu'un si vous ne comprenez pas ses émotions** et ses sentiments à ce moment précis.

Les experts, comme vous pouvez le devenir, prêtent une attention particulière aux signaux des gens, l'un des signaux inconscients les plus évidents est le mouvement des yeux. Les autres mouvements inconscients sont la respiration, les rougeurs, les tics nerveux, etc.

Le corps à tout moment, à chaque seconde communique à travers des signaux qui ne sont pas compris par la plupart des gens. Il devient donc essentiel pour vous de faire attention aux détails, aux petits mouvements du corps.

Les mouvements corporels peuvent vous aider à comprendre comment une personne perçoit et traite les informations. Le mouvement des yeux est fondamental, si une personne bouge ses yeux vers la droite en parlant, cela signifie qu'elle imagine quelque chose. Si vous les déplacez vers le haut vers la gauche, vous vivrez une mémoire visuelle.

Vous pouvez alors immédiatement remarquer ce que pense la personne même si elle ne vous communique pas cette information verbalement.

De cette façon, vous commencez à comprendre si la communication avec la personne en face de vous a son effet. Évidemment, analyser l'autre personne ne suffit pas pour manipuler son esprit.

Vous devez savoir que la fréquence cardiaque de chaque homme est d'environ 60 à 100 par minute, pourquoi est-ce que je vous en parle? Non, ne t'inquiète pas, je ne suis pas fou.

Selon la PNL, pour avoir une communication efficace et satisfaisante pour l'esprit humain, il faut dire un nombre de mots par minute qui approche des battements de cœur. Donc, pour pouvoir communiquer positivement avec l'inconscient d'une autre personne, vous devez utiliser **au moins 45 à 60 mots par minute.**

Cette technique est appelée "**voice roll**", elle est utilisée pour amener l'autre personne dans un état mental similaire à celui de la transe en utilisant ce type de communication.

Pauses, emphase, répétitions de mots-clés qui doivent pénétrer le subconscient sont utilisées pour ce modèle de communication.

En communiquant avec cette vitesse, vous pouvez vous aligner sur les battements de votre cœur et envoyer des rythmes alpha au cerveau, c'est-à-dire mettre le cerveau dans un état de relaxation totale.

Lorsque la personne avec laquelle vous communiquez se sent détendue, calme, vous pouvez avoir plus de pouvoir et mieux gérer son esprit et sa façon de penser.

Si vous dépassez le nombre de mots ou si votre vitesse de mots est plus lente, vous risquez de perdre l'attention de l'autre partie. Cela signifie que le contrôle de son esprit vous échappera et que vous ne pouvez pas être plus efficace. Vous attachez une grande importance à cet aspect, cela pourrait faire la différence.

L'une des techniques très importantes qui vous permet de mieux vous rapporter aux autres est celle du **rapport**. La relation vous permet d'avoir une relation de confiance mutuelle et de communication avec l'autre partie.

Comment fonctionne cette technique?

Eh bien, **vous devez changer la façon dont vous communiquez** par rapport à la personne à qui vous parlez. Par exemple, si vous êtes un adulte et que vous parlez à un enfant, vous n'utiliserez pas la même terminologie que vous adoptez lors d'un entretien d'embauche.

Vous faites cela inconsciemment parce que vous voulez créer un plus grand sentiment dans la relation. Vous devez l'appliquer en toutes circonstances. Ne pas avoir de modèle de communication à utiliser dans tous les domaines car tout le monde ne pouvait pas se sentir à l'aise et donc les convaincre de prendre une certaine mesure pourrait devenir très difficile.

Par exemple, lorsque vous parlez à des jeunes, il est préférable d'utiliser des argots courants plutôt qu'un langage très sophistiqué. Lorsque vous parlez à un enfant au lieu d'utiliser des termes comme un véhicule, vous pouvez dire «brum brum».

Il est également très important d'être à la hauteur des personnes à qui vous parlez, dans le vrai sens du terme. Ce n'est absolument pas un dicton. Cela signifie que si une personne est assise en face de vous, vous devrez vous asseoir pour communiquer avec elle.

Si vous êtes debout et que la personne est assise, elle vous regardera avec admiration et c'est la chose la plus importante à éviter pour construire une relation positive. Si vous n'adoptez pas Rapport, vous ne gagnerez jamais assez de confiance dans la relation.

Ces techniques peuvent être appliquées non seulement dans la sphère commerciale mais aussi dans les relations avec son partenaire, avec ses enfants, amis et parents.

Après avoir établi la relation avec l'autre partie, la technique appelée Milton Model est souvent utilisée.

C'est un modèle qui **conduit à faire un choix à la contrepartie avec laquelle vous communiquez**. Il pensera qu'il peut faire un choix librement en réalité vous imposez votre volonté.

Il s'agit d'une technique psychologique qui est souvent et involontairement non reconnue et qui peut être adoptée dans tous les domaines, en particulier dans les ventes et le marketing.

Avez-vous déjà entendu quelqu'un:

"Préférez-vous l'option X ou l'option Y?"

Avec cette question, vous avez été amené à faire un choix. Les options parmi lesquelles vous pouviez choisir, cependant, plaisaient toutes les deux à la personne qui vous a posé la question.

De cette façon, involontairement, vous avez choisi quelque chose non librement, mais vous avez été convaincu d'effectuer une action.

Le modèle Milton est entré en jeu de cette manière. Son nom vient du psychanalyste qui l'a découvert.

Une fois que vous avez créé un rapport, la personne avec qui il communique vous fait confiance, il lui devient donc plus facile de tomber dans le piège du modèle Milton sans trop de questions.

Ce choix est également appliqué par exemple dans certains partis qui demandent aux citoyens: "Préférez-vous que je dirige le parti X ou Y?"

Les citoyens feront un choix, mais celui-ci est conditionné par les limitations qui ont été mises dans la demande, en fait ils n'auront à choisir qu'entre deux noms. C'est une fausse condition de liberté.

Enfin, il est essentiel de pouvoir changer les sous-modalités de pensée de la personne avec laquelle vous interagissez. Cela signifie que vous devrez comprendre quelles sont les pensées négatives de l'autre personne et à travers des questions, vous devrez essayer de détruire les certitudes sur lesquelles elles sont basées.

Par exemple, vous pouvez dire:

"D'où vient ta croyance?"

"Pensez-vous à ces choses sur le produit parce que quelqu'un vous l'a mal dit?"

«Cette personne est-elle fiable? Est-il possible que vous ayez une façon de penser différente? "

"Connaissez-vous plusieurs personnes partageant les mêmes idées?"

"Cette croyance vient-elle de votre pensée?"

De cette manière, vous pourrez démanteler toutes les oppositions que le client vous met. Il est essentiel d'être prêt à répondre à toutes les questions.

Si vous appliquez tous les conseils que je vous ai donnés dans ce chapitre, à ce stade de la conversation, l'autre partie vous fera confiance et sera complètement sincère. C'est précisément à ce moment que vous pouvez parler à son inconscient et frapper.

Je sais que ce n'est pas facile mais il est possible de le faire.

Depuis que j'ai appliqué ces techniques dans ma vie, j'ai vécu un véritable tournant. J'ai ouvert les yeux, j'ai compris que s'améliorer peut se faire, construire des relations constructives et durables me paraissait beaucoup plus simple et faisable.

Avant, je faisais face à mes journées de travail avec colère parce que je ne pouvais pas obtenir les résultats que je voulais et cela créait une forte frustration en moi.

Je veux que vous commenciez à appliquer ces techniques avec d'autres aussi. Si au départ les résultats sont médiocres ou si vous êtes gêné, ne vous inquiétez pas, il est normal que ce soit le cas, cependant, avant de devenir un expert dans toute activité, vous avez besoin de pratique.

Alors gardez votre moral et continuez à les appliquer dans la vie de tous les jours jusqu'à ce que vous en deveniez le maître.

Votre croyance sera plus tard perçue positivement par les autres.

«Il y a ceux dont la principale capacité est de faire tourner les roues de la manipulation. C'est leur seconde peau et sans ces roues pivotantes, ils ne savent tout simplement pas comment vivre. » - C. JoyBell

PNL et persuasion

Voulez-vous convaincre les autres de prendre des décisions importantes? Avez-vous besoin de comprendre les pensées des autres à l'avance pour agir en conséquence?

L'apprentissage des techniques de persuasion devient très important si vous avez ces objectifs.

Persuader une autre personne ne signifie pas imposer une action ou une attitude à mettre en œuvre, bien au contraire. Persuader signifie convaincre l'autre personne de la bonté de votre pensée.

Avez-vous déjà eu une idée qui vous semble géniale mais qui ne parvient pas à convaincre les autres?

Si vous vous trouviez dans une telle situation, vous pensiez probablement que vous n'étiez pas un bon communicateur ou que votre idée ne valait pas autant.

Si vous avez eu ces pensées, je vais vous dire une chose: vous vous êtes trompé.

La réalité est complètement différente, les gens se laissent convaincre par les autres lorsqu'ils parviennent à les persuader. Donc, si vous connaissez les techniques, vous pourriez avoir un gros avantage.

Vous pouvez les utiliser non seulement sur le lieu de travail, mais aussi dans votre vie en général.

Les techniques dont je vais vous parler, je vous propose de les combiner avec celles que j'ai indiquées dans le chapitre précédent.

Il est essentiel que vous les appliquiez continuellement dans votre vie, ne vous contentez pas de donner une simple lecture. C'est un livre très pratique, je veux que vous l'utilisiez, souligniez et appreniez tous les concepts.

Ne vous inquiétez pas de froisser les pages, ce n'est pas un livre qui devrait être laissé pour ramasser la poussière dans votre bibliothèque, vous devrez toujours l'emporter avec vous, le garder à côté de vous et l'appliquer en cas de besoin.

C'est un manuel qui peut vous être utile dans de nombreux domaines.

Techniques de persuasion

Comme vous pouvez l'imaginer, la communication est toujours fondamentale. L'une des erreurs les plus courantes qui font croire aux autres que vous n'êtes pas assez convaincant est **le ton de la voix** que vous utilisez lorsque vous parlez.

Si vous dites à une autre personne: "aujourd'hui je vends ce produit" et sur les deux derniers mots, augmentez le ton de votre voix et utilisez un ton plus emphatique, vous n'aurez pas l'air convaincant car votre déclaration peut sembler une question.

Si, en revanche, vous utilisez le même ton de voix sans élever la voix, vous pouvez paraître plus crédible et convaincant.

Maintenant que vous vous êtes familiarisé avec cette technique de base, je peux vous parler d'autres techniques qui peuvent vous intéresser beaucoup ...

La technique de **commande implicite** est très souvent utilisée par les experts en PNL et en communication.

Répondre négativement à une déclaration comme "Aujourd'hui, nous allons manger dans un restaurant" est beaucoup plus difficile que dans "Voulez-vous manger dans un restaurant aujourd'hui?"

Le concept est toujours le même même si la phrase exprimée dans la première forme ressemble plus à une commande et souvent **votre inconscient est incapable de résister**. La deuxième phrase est une question et vous pouvez donc décider d'accepter ou non.

La façon dont vous communiquez peut donc fortement influencer la réponse de l'autre personne. Vous pouvez alors la persuader de faire un choix qu'elle n'aurait probablement pas fait sans vos mots.

Cette technique est également souvent utilisée par les serveurs dans les restaurants.

Imaginez aller au restaurant et commander un steak avec des frites.

Certains serveurs après des commandes de ce type pour vous pousser à acheter plus, disent la phrase suivante :

"Parfait, par quoi voudrais-tu commencer?"

Cela vous met dans une condition où, dans le meilleur des cas, vous penserez à lire le menu et à chercher autre chose de bien et ensuite décider de prendre autre chose ou pas, dans le pire des cas, vous obtiendrez des conseils de celui qui réussira alors dans son objectif.

Si le même serveur avait utilisé des phrases comme:

"Vous voulez un apéritif?" ou pire encore comme "Pas d'apéritif?"

Sa communication n'aurait pas eu les mêmes effets. En fait, il n'aurait pas été en mesure de vous convaincre le moins du monde et vous n'auriez jamais réalisé cette action.

En plus du lieu de travail, les techniques de PNL, comme je l'ai mentionné plus tôt, peuvent également être utilisées dans les relations avec vos enfants.

Si vous avez un enfant qui veut jouer à la playstation la nuit ou qui ne veut pas dormir parce qu'il veut voir la télé, ce qui me manque, vous pouvez postuler immédiatement et vous verrez immédiatement les résultats.

Par exemple, si vous dites à votre enfant: "Voudriez-vous que je vous lise une histoire, celle que vous aimez tant, quand vous enfilez votre pyjama?"

Vous avez déjà supposé qu'il devra enfiler son pyjama et aller se coucher. Avec cette question, il peut décider uniquement et exclusivement de vous laisser lire une histoire ou non, vous aurez donc atteint votre objectif en le persuadant et il croira qu'il a agi librement.

Bien sûr, cette astuce peut également être utilisée dans les ventes. Dire par exemple à l'acheteur potentiel:

"Voulez-vous que je vous donne un Pokémon Bleu ou un Pokémon Vert lorsque vous achetez la Gameboy?"

Si vous êtes un vendeur de Gameboy, alors vous supposerez que l'acheteur potentiel l'achètera, cette technique de la vôtre persuadera son inconscient et il sera plus enclin à effectuer cette action.

Comme vous pouvez le voir, la plupart des techniques de persuasion PNL ne sont pas si compliquées et vraiment tout le monde peut les appliquer tous les jours. Ce qui différencie le bon ou le mauvais succès de l'application de l'une de ces techniques tient à la constance dans laquelle elles essaient et recommencent.

Plus vous essayez de les appliquer, plus vous devenez expert et donc plus vos bénéfices sont importants.

La persuasion peut également s'appliquer à vous.

Maintenant, vous vous demandez probablement ...

"Attendez-vous ce que tout cela signifie?"

Oui, vous pouvez aussi persuader votre inconscient, mais vous devez savoir comment le faire. Quand j'ai découvert cette chose, j'étais assez incrédule, je ne croyais pas qu'un homme pouvait se tromper lui-même son inconscient, au contraire c'est possible.

Et pas seulement...

Les résultats que vous pouvez obtenir sont vraiment inimaginables.

J'ai vu des gens qui ont complètement changé leur vie en un rien de temps.

Une de mes amis, Roberta, qui dirige une importante entreprise italienne, avait extrêmement peur de parler en public. Le simple fait d'imaginer cette situation, c'est-à-dire d'être devant de nombreuses personnes et de communiquer avec elle, lui a causé des sentiments très négatifs qu'elle ne pouvait pas gérer.

Cela augmente considérablement son stress et son anxiété. Elle croyait fermement qu'elle ne pourrait jamais surmonter cette peur.

Quand elle m'en a parlé, j'ai su qu'elle avait tort, qu'elle avait tout ce qu'elle pouvait pour surmonter cette peur, mais quelque chose manquait

Une méthode

J'étais là pour qu'elle révèle une méthode que j'avais apprise lors de mes études de PNL. Je lui ai enseigné et vu des améliorations drastiques, il m'a remercié et m'a dit que j'avais définitivement changé sa vie. Cette méthode l'a utilisée dans différents domaines et a réussi à obtenir d'excellents résultats à chaque fois.

Incroyable, n'est-ce pas?

Est-ce un médicament? Est-ce magique? Est-ce quelque chose d'impossible?

La réponse à toutes ces questions est NON.

Cela vient simplement de la conscience de mieux se comprendre.

Pour vous persuader et donc aussi votre inconscient, vous devez appliquer l'ancre. **L'ancrage** est une technique qui permet d'associer une émotion à un geste, un son, une vision.

J'ai donc dit à mon amie de réfléchir et de faire quelque chose dans ce moment de fort stress et d'anxiété qui la faisait généralement se sentir bien. Elle adorait chanter les chansons de Jennifer Lopez parce qu'elles lui rappelaient son enfance, quand elle chantait dans le jardin avec sa sœur et s'amusait beaucoup.

Rien que la pensée de ces chansons a changé son état mental, l'a fait se sentir bien.

Je lui ai dit qu'elle devait chanter ces chansons avant que je ne parle en public. Chaque fois avant de parler, il a chanté ces chansons, il a donc ancré cette émotion dans ce geste. Maintenant, il lui suffit de chanter ces chansons pour revenir sereine et s'éloigner des sentiments négatifs.

Bien sûr, l'ancrage peut également se faire avec d'autres gestes, comme serrer le poing en pensant à la sensation que vous avez ressentie dans un moment de joie. Chaque fois que vous serrez le poing de cette manière, vous ramènerez inconsciemment vos émotions à ce moment heureux.

il est essentiel de répéter ces gestes au fil du temps, afin qu'ils deviennent inconscients. Ce n'est qu'ainsi que vous pourrez obtenir d'excellents résultats comme Roberta les a obtenus.

Vous pourrez également utiliser les techniques de persuasion PNL à d'autres fins.En fait, vous devrez peut-être comprendre ce que les gens veulent vraiment.

Souvent, lorsque vous parlez à quelqu'un avec qui vous avez beaucoup de confiance, vous ne pouvez pas comprendre sa volonté. Cela se produit parce que les gens en général savent avec certitude ce qu'ils ne veulent pas, mais en réalité ils ne savent pas ce qu'ils veulent.

Alors, comment comprenez-vous les véritables intentions d'une personne?

Un jour j'étais avec ma partenaire et je lui ai posé une question, nous devions organiser nos vacances ensemble:

«Où veux-tu aller cet été? Où allons-nous voyager cette année? "

Sa réponse a été: "Je ne sais pas."

Puis, pas contente, j'ai continué à insister pour lui dire d'y penser.

Elle a répondu de cette manière:

"Alors je ne sais pas où je veux aller mais certainement pas à Dubaï car il fait très chaud et comme vous le savez je ne supporte pas trop ces températures".

Une fois de plus, il m'avait dit ce qu'il ne voulait pas et non ce qu'il cherchait vraiment.

J'ai compris qu'à la base de tout puis il y avait un problème de communication, je savais avec certitude que dans son inconscient elle avait un désir, une destination vers laquelle aller.

J'ai posé la question différemment:

"Si vous n'aviez aucune limite monétaire à respecter, où iriez-vous?"

Dans ce cas, sa réponse avait finalement changé:

"Eh bien, j'aimerais aller au Canada"

J'avais enfin compris ce qu'il voulait, son inconscient ce qu'il voulait. Avec cette question, j'ai identifié le problème qui l'empêchait de s'exprimer de la meilleure façon. Si je n'avais pas insisté, je n'aurais jamais compris ses pensées les plus profondes.

Pour ces raisons, la PNL peut être très utile. Avec le patient et l'utilisation de ces techniques, vous pouvez prendre conscience des schémas de raisonnement des autres et en faire le meilleur usage pour améliorer votre relation.

Ce ne sont pas des concepts qui ont été inventés par moi mais des techniques qui depuis des années ont été adoptées par les plus grands communicateurs du monde comme **Antonhy Robbins** pour persuader d'autres personnes.

Il y a des gens qui grâce à la PNL ont mieux compris leurs émotions, ce qu'ils ont vraiment ressenti et le fonctionnement de leur inconscient.

Derrière chaque action, il y a une pensée. La pensée affecte vos choix et donc votre mode de vie.

Si vous pouvez comprendre quelles sont vos limites ou celles de la personne avec qui vous communiquez, vous pouvez concevoir un plan pour les surmonter et profiter des avantages qui découlent de cette action.

"Je crois que la force de persuasion est la plus grande superpuissance de tous les temps." - Jenny Mollen

PNL dans la vente

Dans ce chapitre, j'expliquerai pourquoi les vendeurs parviennent à vendre de grandes quantités d'un produit ou d'un service alors que d'autres ne le font pas.

Il faut savoir que les acheteurs achètent des gens.

Qu'est-ce que ça veut dire?

Que les clients soient d'abord convaincus par la personne, avant de procéder à l'achat. Si vous n'êtes pas convaincant, si vous n'exprimez pas votre confiance, vous n'aurez pas de clients prêts à payer pour le service ou le produit que vous proposez.

Il devient donc indispensable de comprendre comment développer et structurer votre style de vente.

Richard Bendler, l'inventeur de la PNL, a inspiré au fil du temps des millions de vendeurs à travers le monde qui utilisent ses principes chaque jour et connaissent un grand succès.

Je me souviens des jours que j'ai passés au bureau, penché au-dessus de mon bureau, les mains dans les cheveux. Mon entreprise ne pouvait pas décoller, je ne pouvais pas obtenir plus de ventes, je devais faire quelque chose.

Tout a changé quand je suis tombé sur une série de livres de programmation neuro-linguistique.

Je n'avais jamais imaginé que ces livres changeraient ma vie pour toujours. Au départ, je n'avais pas non plus beaucoup confiance en ce que je lisais. Un jour, cependant, j'ai réalisé que je n'avais rien à perdre, que la situation n'aurait pas pu être pire, qu'il était temps d'essayer ces principes.

J'ai commencé à les tester, je suis entré dans le bon actif mental, je ne vous cache pas que le processus n'a pas été immédiat, cependant jour après jour mon inconscient a perçu que quelque chose changeait réellement en moi.

J'ai également vu que les réponses des clients étaient différentes, elles n'étaient plus aussi négatives qu'avant. J'ai donc continué à insister et les premiers résultats ne se sont pas fait attendre.

J'étais satisfait de moi mais je croyais fermement que je pouvais aussi m'améliorer. En un an, j'ai eu des résultats incroyables que je n'avais jamais obtenus dans ma carrière. J'avais enfin appris à utiliser tous les principes du PNB dans mes ventes.

Mon objectif n'était pas de rester dans les mémoires comme un vendeur raté, comme quelqu'un qui désespérait et luttait chaque mois pour gagner un salaire pour survivre.

Mon objectif était différent ...

Je voulais devenir le best-seller du moment et j'étais convaincu que je réussirais.

J'ai donc développé une méthode, partant des principes de la PNL qui m'a permis d'avoir une augmentation importante des ventes.

Ma méthode de vente

Maintenant, je veux le partager avec vous, ce que je vous demande, c'est d'en faire bon usage et d'appliquer tous les enseignements autant que possible.

Ne faites aucune excuse, prenez vos responsabilités et prenez votre vie en main. Si vous n'obtenez pas de résultats, ce sera votre seule responsabilité. Ne blâmez pas les autres, c'est vous qui déterminez votre succès ou votre échec.

La méthode comprend 6 étapes:

- **L'état mental**
- **Etablir un rapport**
- **Poser des questions**
- **Trouver un besoins**
- **Lier la necessité au produit ou au service**
- **Fermer**

Ces 6 étapes sont vraiment importantes pour la réussite de votre vente.

Si vous parvenez à appliquer ces étapes par conséquent, vous pourrez conclure votre vente très facilement. Il faut évidemment affiner la méthode pour la rendre parfaite et adhérente à votre méthode de communication.

Mais c'est une excellente base.

La première phase concerne votre état mental, vous devez savoir que **votre humeur affectera grandement vos performances**. Le client remarque si vous êtes positif, si vous croyez vraiment en ce que vous faites.

Vous aurez sûrement remarqué que dans vos jours «NON», vous pouvez vendre très peu et il semble que tout peut être encore pire.

Ce n'est pas un accident. Ne sous-estimez JAMAIS ces aspects, vous croyez vraiment en ce que vous faites.

La deuxième étape est de pouvoir établir une relation. On dit que les gens qui s'aiment se prennent. Eh bien, même si ce n'est qu'un dicton, c'est vraiment vrai.

Alors, comment faites-vous plaisir aux autres?

Utilisez ce que l'on appelle la mise en miroir, c'est-à-dire se comporter comme un miroir de la même manière que votre homologue vous communique.

Utilisez son ton de voix, donc s'il utilise un langage jeune, faites-le aussi, s'il utilise un langage qui garde ses distances, faites-le aussi. Imitez sa respiration cela vous permettra de mieux vous connecter avec lui.

Enfin, des **mots clés** sont nécessaires. Dans votre langue, utilisez toujours des mots utiles, qui poussent votre client à agir. Ensuite, mettez en évidence les avantages et tout ce que vous pourriez perdre si vous ne le faisiez pas.

La prochaine étape consiste **à poser des questions intelligemment,** vous en avez besoin pour commencer à parler la langue de vos clients. De cette façon, vous pouvez commencer à découvrir quels sont leurs métaprogrammes dont je vous ai parlé dans le quatrième chapitre.

Ensuite, vous devrez trouver le **besoin du client.** Vous ne le trouvez pas? Eh bien, je vais vous donner quelques nouvelles, il vaut peut-être mieux s'arrêter et en chercher une autre. Si vous ne pouvez satisfaire aucun besoin, le client n'achètera jamais aucun de vos produits ou services.

Maintenant, une fois que vous avez identifié le besoin de votre client, vous devrez **l'associer à la valeur que votre produit ou service** que vous vendez peut offrir.

Vous pouvez utiliser des expressions telles que:

"Et qu'est-ce qui se passerait si ..."

Et continuez à expliquer **le côté négatif qui découle d'un échec dans le choix de votre service.**

Vous pouvez également utiliser des cadres de contraste, c'est-à-dire vous distinguer des autres produits ou services en utilisant des expressions telles que:

"Par rapport à…"

Je vous conseille de justifier les **avantages et la supériorité**, donc les atouts, du produit ou service que vous allez vendre.

Imaginez que vous soyez un Pr qui travaille pour une petite discothèque qui est la seule à offrir le service open bar.

Lorsque vous allez convaincre les gens, vous ne parlerez certainement pas de la taille de la discothèque ou des DJ qui y jouent car il y en aura toujours un autre qui offre un service supérieur.

Il vous faudra donc trouver tous ces clients potentiels qui vont à la discothèque pour boire et apprécier beaucoup les cocktails. Une fois que vous comprenez que c'est leur besoin d'être satisfait, vous pouvez proposer votre offre de valeur, c'est-à-dire l'open bar. De cette façon, votre proposition sera perçue comme parfaite, comme la proposition idéale!

La dernière étape à ne pas sous-estimer est **la conclusion de l'accord**.

Lorsque vous arrivez à l'étape finale de la négociation avec le client, il est important que le client exécute l'action demandée. Au moment où vous demandez une action et qu'il se branle, prend du temps ou la reporte plus tard, vous risquez de la perdre définitivement.

Ce que je vous conseille de faire dans ces cas et de revenir en arrière et d'essayer de **comprendre quel est le vrai problème** qui l'arrête à ce moment-là et ce qui n'a pas fonctionné dans votre processus de vente.

Une fois que vous savez ce qui a bloqué son action, vous pouvez détruire cette idée limitante. Il est donc important de préparer également un texte des objections à utiliser lorsque votre client a des doutes.

Dans le processus de vente, vous devez également impliquer les émotions de l'acheteur, il doit être transporté dans votre proposition et pris à partir du moment où il doit procéder à l'achat.

Évidemment, vous devez lui proposer un produit adapté à ses besoins afin qu'il ne se repente pas et que vous puissiez obtenir des retours positifs.

Simplement les gens ne savent souvent pas ce qu'ils veulent, ici votre compétence doit entrer en jeu, vous devez être capable de reconnaître leurs besoins pour proposer une solution qui puisse les satisfaire.

Les clients vous recherchent, ils recherchent des personnes positives qui résolvent leurs problèmes. votre compétence, vous devez être capable de reconnaître leurs besoins pour proposer une solution qui puisse les satisfaire.

Au moment où vous résolvez le problème d'un client avec votre service ou avec votre produit vendu, cela vous amènera d'autres amis qui ont le même besoin.

Si votre objectif est de satisfaire le client avec lequel vous interagissez, vous pouvez vraiment obtenir d'excellents résultats.

Avant tout processus de vente, il est très important de connaître les faiblesses et les forces du produit ou du service que vous allez proposer.

Vous devez être conscient de ce que sont les lacunes et centrer la discussion sur les points forts.

Je vais vous donner un autre exemple ...

Revenons à l'ancien PR qui doit convaincre les gens d'acheter des billets pour la discothèque où ils travaillent. Dans ce cas, la discothèque a la même taille que les autres mais contrairement aux plus célèbres, elle n'héberge PAS de DJ connus.

Cela peut être un point faible car les gens préfèrent aller danser dans des discothèques où il y a un invité célèbre.

Existe-t-il un moyen de transformer ce point faible en force?

La réponse est évidemment: OUI

En fait, vous pouvez essayer de convaincre tous ces gens qui aiment s'amuser et qui veulent danser leur espace de venir dans votre discothèque. Vous pouvez donc souligner le point faible des autres discothèques avec des invités internationaux, c'est qu'il y a peu de place pour danser, vous transpirez, vous êtes serré, vous avez peu de possibilité de parler aux autres.

Dans votre discothèque vous proposez plutôt le même genre de musique, un espace pour danser et s'amuser, un environnement mixte où il y a un écrémage à l'entrée et il y a 50% d'hommes et 50% de femmes, afin de garantir à chacun une soirée agréable.

Vous venez de transformer votre point faible en force. Je peux vous assurer que si vous le communiquez au mieux à vos clients potentiels, vous pourrez obtenir beaucoup de ventes.

De toute évidence, ce discours est reproductible dans toutes les entreprises.

Faites le meilleur usage de votre esprit, ce sera votre allié le plus important qui vous permettra de vendre beaucoup plus et d'obtenir les résultats dont vous avez toujours rêvé.

Si vous voulez une vie différente, vous devez commencer à faire des actions différentes, vous devez agir en raisonnant. Les actions sont la conséquence de vos pensées. Avoir des pensées positives vous permettra d'effectuer des actions positives qui peuvent vous permettre d'établir une routine qui peut vous apporter de nombreux avantages.

«Je n'ai jamais travaillé un seul jour de ma vie sans vendre. Si je crois en quelque chose, je le vends et je le vends farouchement. » - Estee Lauder

Le leadership et la PNL

La PNL est une discipline que de nombreux leaders de différents secteurs appliquent quotidiennement. Les plus grandes entreprises qui réussissent ont à leur tête des dirigeants qui ont une façon d'agir très similaire.

Vous êtes-vous déjà demandé pourquoi il y a des dirigeants de certaines entreprises dans le monde dont on se souvient encore aujourd'hui non seulement pour leurs résultats mais aussi pour leur façon d'agir?

Pour créer un environnement positif et entraîner vos collaborateurs à donner le meilleur d'eux-mêmes, les incitations ne suffisent pas, il ne suffit pas de les payer plus, cela n'a qu'un effet à court terme.

Pour être un excellent leader, vous **devez créer autour de vous un environnement qui croit vraiment en ce que vous faites** et dans le projet de l'entreprise. Ce n'est pas impossible, cependant, il y a quelques petites astuces que vous devriez prendre pour obtenir plus de résultats.

En Italie, l'un des plus grands dirigeants était Ferrero, qui a créé l'entreprise du même nom qui est maintenant dirigée par ses enfants.

Qui n'a jamais goûté à un produit Ferrero?

Chaque personne dans le monde a goûté au Nutella au moins une fois dans sa vie.

Au cours des années, Ferrero a partagé sa vision avec ses employés, à savoir le désir de créer un produit alimentaire unique, qui pourrait se distinguer de tout autre et qui pourrait être apprécié aussi bien par les enfants que par les adultes.

Il était toujours proche des travailleurs en offrant des incitations aux mères qui travaillaient, en payant l'éducation des enfants des employés, en accordant des récompenses, etc.

Il a créé un environnement positif où chaque membre de l'entreprise se sentait membre de la famille.

Les cas comme celui de Ferrero en Italie et dans le monde sont nombreux. Le travail de ces leaders ne vise pas seulement à obtenir de simples profits mais ils veulent créer un réel impact sur la communauté, ils veulent que les employés soient vraiment heureux de travailler pour eux.

Pourquoi est-il important d'avoir des employés ou des entrepreneurs heureux?

Lorsque les gens sont dans un **état mental positif**, ils peuvent **obtenir plus de résultats**, être plus productifs, faire une différence. Avoir le bon atout mental est non seulement très important pour le travailleur mais aussi pour tout l'environnement.

Une seule personne qui a des pensées négatives pourrait ruiner le moral de tout le monde. Cet aspect ne doit pas être sous-estimé.

Avec les conseils de la PNL, vous pouvez mieux impliquer les employés et partager votre mission, votre objectif avec eux. De cette façon, ils ne croiront pas qu'ils sont des «machines» mais ils se sentiront plus impliqués.

Conseils pour être un bon leader

J'ai appliqué ces conseils avec mes collaborateurs et je vous dis que l'environnement de travail s'est beaucoup amélioré.

Donc, comme je l'ai dit, la première étape est **de partager une vision**, c'est-à-dire que chaque employé doit avoir une image bien marquée d'une destination. Chacun doit savoir quel est le point d'arrivée que l'entreprise souhaite atteindre.

Participeriez-vous à une course où vous ne savez pas où se trouve la ligne d'arrivée? Probablement pas, bien la même chose se produit dans n'importe quelle entreprise.

Il doit être clair pour tout le monde quel est le but que vous souhaitez atteindre, ce dont vous avez besoin et comment les autres peuvent vous aider à atteindre cet objectif commun.

Une fois que vous partagez la vision et votre objectif, vous devez créer un environnement sain, vous devez **protéger la culture d'entreprise.**

Souvenez-vous que ...

Une personne négative peut influencer l'humeur de tous les autres.

S'il y a des éléments dans votre équipe qui ne correspondent pas à la mentalité et à la vision de l'entreprise, il est préférable de les licencier ou de les renvoyer plutôt que de les garder dans l'équipe.

Faites attention…

Même les personnes qui réussissent à obtenir des résultats dans leur travail avec leur attitude négative peuvent influencer la performance des autres. Vous devez agir avec une perspective plus large, regarder vers l'avenir et comment la situation pourrait évoluer.

Évidemment, il ne suffit pas d'avoir une vision d'un bon leader mais **un plan** qui vous permet de le mettre en œuvre est tout aussi important. Vous devez donc avoir **votre propre stratégie** qui vous permet de faire face parfois à des choix difficiles et exigeants.

Il est important que vous puissiez également vous entourer des personnes justes. Des gens à qui croire, à faire confiance, qui se concentrent sur les objectifs et qui n'ont aucun problème à exprimer leur opinion sans créer de conflits qui peuvent offenser les autres.

Ce sont les vraies valeurs d'une personne que vous devez prendre en considération dans votre travail.

Souvenez-vous ensuite de la différence entre **autorité** et **responsabilité**. Vous n'avez pas besoin d'imposer vos ordres aux autres, chaque membre de votre équipe doit assumer la responsabilité de ses actes.

Ce n'est qu'en vous entourant de personnes qui croient vraiment en ce qu'elles font et en leurs choix que vous pourrez d'abord atteindre vos objectifs commerciaux.

N'oubliez pas d'appliquer également **la règle du 3**. Vous devez indiquer quels sont les 3 résultats clés à atteindre en un an, un mois, une semaine et un jour.

De cette façon, tous les employés sauront quels sont les objectifs à atteindre, leur vision quotidienne sera plus claire et ils essaieront de contribuer de la meilleure façon.

Souvenez que…

Le leadership est dangereux. Il y aura probablement des moments où vous échouerez. Cela fait partie de chaque entreprise, toutes vos idées ne peuvent pas conduire à des résultats positifs.

Essayez d'apprendre de vos erreurs et continuez votre chemin.

Je vous conseille de donner de l'importance à ce que vous faites mais en même temps de ne pas vous prendre trop au sérieux. Il ne servira à rien de vous punir pour chaque erreur commis.

Ces directives simples que je vous ai indiquées devraient être appliquées dans tous les secteurs, dans toutes les entreprises, même si ce n'est pas le cas souvent et volontairement.

Il y a des employés qui, bien que travaillant pendant des années dans une entreprise, ne savent pas quels sont les objectifs, la vision, ils ne sont même pas conscients de la stratégie.

Une personne qui déménage sans savoir où aller quels résultats peuvent apporter à l'entreprise? Seulement et exclusivement négativité et frustration.

Si ces sentiments négatifs n'apparaissent pas dans les premiers instants, ils viendront. C'est la nature de l'homme. Pour surmonter ces situations et devenir un bon leader, il suffirait de faire de petits pas à franchir chaque jour.

N'oubliez pas que la plupart des entreprises sont dirigées par des dirigeants et non par des dirigeants.

La différence est que le patron obligera ses employés à effectuer une certaine action, à avoir un certain type de comportement, ne demandera pas leur avis et même si quelqu'un ose dire que sa volonté sera punie. L'entreprise qui se développe dans un environnement destructeur de ce type est vouée à l'échec.

Beaucoup croient souvent que le pouvoir ou l'argent peuvent aveugler la vision d'une personne. Ce n'est absolument pas le cas, ce sont des choses distinctes.

Il y a des entrepreneurs qui gèrent des milliards d'euros mais malgré tout ils ont toujours leur vision et se comportent toujours de la même manière avec leurs employés.

Lorsqu'il n'y a pas d'éthique dans l'entreprise, il n'y a pas de base pour construire quelque chose de positif dans le futur.

Beaucoup d'entrepreneurs ne s'en rendent pas compte et forment souvent des équipes composées de mercenaires qui décident de travailler pour le meilleur soumissionnaire. Ces personnes n'auront aucun problème à quitter le bateau en cas de difficulté quand elles sont nécessaires.

Il faut s'entourer de personnes qui en plus de leurs compétences ont des valeurs humaines élevées, essayer de comprendre quels sont leurs besoins et les satisfaire, toujours trouver un point de rencontre. C'est ce que fait un leader.

Votre exemple doit être tous ces leaders qui obtiennent de grands résultats tout en respectant leurs employés et en croyant en leurs compétences.

« Si vos actions incitent les autres à rêver davantage, à en apprendre davantage, à faire plus et à devenir plus, vous êtes un leader. » - John Quincy Adams

Conclusions

Nous sommes arrivés au dernier chapitre de ce livre. Je vous ai donné toutes les informations que vous pouvez appliquer dans tous les domaines de votre vie pour réaliser des améliorations drastiques.

N'oubliez pas que la pratique est la base de tout. Commencez à appliquer continuellement ces enseignements pour voir les premiers résultats après un court laps de temps.

Gardez ce que vous avez appris dans ce livre comme un trésor. Ce sont des informations que beaucoup d'hommes ne connaissent pas car ils ne s'informent pas, ne lisent pas, ne se développent pas professionnellement.

Pour être un excellent vendeur, en fait, vous devez être un grand leader en même temps, vous devez avoir d'excellentes compétences en communication et vous devez savoir comment votre esprit et les autres fonctionnent.

Maintenant, je vous donne quelques conseils ...

Relisez certaines pages de ce livre et mettez en pratique ne serait-ce qu'une seule partie des informations que vous avez appris à connaître. Si vous voulez obtenir des résultats différents dans votre vie, vous devez commencer par votre changement.

Le changement ne signifie pas seulement penser différemment, mais aussi agir.

Si vous avez acheté un livre de ce type, ce que vous faites actuellement dans votre vie n'est probablement pas ce qui vous satisfait. Vous voulez faire un changement, quelque chose qui peut enfin lui donner une bonne direction. Vous devez emprunter le chemin qui vous permet d'être serein, heureux, satisfait de qui vous êtes.

Il devient donc nécessaire de changer vos habitudes, c'est pourquoi je vous invite à relire le 5ème chapitre qui pourrait s'avérer vraiment important pour votre changement.

Effectuer de nouvelles actions vous conduira probablement dans un premier temps à une situation inconfortable mais plus tard vous atteindrez une nouvelle dimension où vous vous sentirez plus libre de vous exprimer, d'être vous-même, vous aurez finalement surmonté et abandonné toutes vos idées préconçues et vos croyances qui ne vous ont que causé des problèmes en ce moment.

Ce sont les soi-disant limites mentales dont je vous ai parlé dans les premiers chapitres en mentionnant Bob Proctor.

Veillez à comprendre ce qui ne va pas dans votre vie, ce qui ne va pas, ce que vous voulez vraiment améliorer. Agir sur quelque chose qui ne vous dérange pas vraiment pourrait vous conduire à aucun résultat.

Alors prenez le temps et analysez ce qui ne vous satisfait pas, je suis convaincu que vous savez parfaitement ce que c'est. Alors concentrez-vous et creusez profondément.

Maintenant je vous conseille de ne faire qu'une seule chose ...

Libérez-vous de toutes ces habitudes qui ont limité et continuent de limiter vos actions. Vous pouvez le faire tout de suite si vous êtes vraiment convaincu !

Éloignez-vous de toutes les personnes négatives autour de vous. Ils n'apportent rien de positif dans votre vie, je sais qu'au début ça pourrait être difficile mais je le dis pour vous, c'est seulement ainsi que vous vous sentirez plus libre et plein d'énergie. En fait, dans la plupart des cas, ces personnes se comportent comme de vraies sangsues, elles aspirent toute votre énergie vitale et vous plongent dans leurs problèmes.

Donc, la seule chose que vous pouvez faire maintenant est de prendre une décision et enfin de décider où aller, ce que vous voulez vraiment faire dans votre vie et comment vous voulez qu'on se souvienne un jour.

Comment décriraient-ils votre vie?

Prenez le temps de répondre à ces questions.

Cela pourrait être une période difficile, non? Vous n'êtes pas satisfait, il y a quelque chose qui ne va pas ...

Maintenant, pensez à la façon dont vous pourriez être décrit par les autres au moment où vous avez vraiment accompli tout ce dont vous rêvez ...

Ce serait d'autant mieux que vous commenceriez même à vous regarder avec des yeux différents, vous vous sentez différent.

Récupérez ces sentiments positifs, imaginez que vous êtes déjà la personne qui a atteint ces objectifs dans votre vie et commencez à vous comporter en conséquence. Vous ne manquez de rien pour être heureux, vous pouvez le faire seul!

Ce livre pour vous est un diamant précieux qui doit être le point de départ de votre vie et de votre virage professionnel.

Je te demande seulement une faveur ...

Rien ne change vraiment pour moi que vous l'appliquiez ou non mais je le dis vraiment pour vous, ne le gardez pas dans un tiroir, ne faites pas ce livre prendre la poussière mais consultez-le chaque fois que vous en avez besoin.

J'espère que vous comprenez maintenant que vos limites sont ce que vous vous fixez, ce sont celles qui viennent de votre inconscient. Alors poussez-vous au-delà de vos peurs, au-delà de vos limites, au-delà de tout ce que vous craignez, vous êtes plus, bien plus!

Avec une vision externe, en vous éloignant de ce que vous ressentez à un certain moment, vous vous rendrez compte que la plupart de vos peurs sont stupides.

Le vrai problème est que les hommes sont dupés par leurs peurs pendant longtemps et deviennent toujours de plus gros monstres. Ce que vous devez faire, c'est leur faire face!

«C'est bien de mourir pour ce en quoi vous croyez; ceux qui ont peur meurent chaque jour, ceux qui n'ont pas peur meurent une fois. » - Paolo Borsellino.

Je vous recommande d'ouvrir les yeux et de prendre l'exemple de ceux qui ont déjà réussi dans la vie dans ce domaine particulier où vous souhaitez vous améliorer.

Si vous souhaitez améliorer les ventes, par exemple en vous inspirant des plus gros vendeurs de tous les temps, de ceux qui ont marqué l'histoire de ce métier ou même de quelqu'un qui a obtenu de grands résultats.

Après tout, lorsque vous décidez de rejoindre le gymnase, attendez de rencontrer un entraîneur personnel avec un physique formé et défini qui peut vous suivre et améliorer votre apparence.

Vous lui faites aveuglément confiance et essayez de copier ses attitudes car il a obtenu des résultats très positifs dans ce domaine. De la même manière, vous devrez vous comporter dans d'autres domaines.

Parfois, obtenir d'excellents résultats est beaucoup plus simple que vous ne le pensez. Ne croyez pas que vous êtes le meilleur de tous, pour tout faire à votre façon, rappelez-vous que si tous ceux qui obtiennent de bons résultats se comportent d'une certaine manière, il y a une motivation de base.

Vous devez donc trouver un mentor dans tous les domaines de votre vie.

Des relations au travail.

Maintenant que vous avez un objectif clair en tête, que vous avez trouvé quelqu'un qui peut vous inspirer, vous avez un objectif fort, mettre en œuvre votre plan d'action.

Si vous voulez atteindre plus de ventes, si vous voulez être plus convaincant, si vous voulez avoir une communication plus efficace, vous devez élaborer votre plan d'action et FAIRE.

N'oubliez pas que chacun de nous a ses propres objectifs, vous devez vous assurer de les atteindre, ce n'est qu'ainsi que vous pourrez vous rapprocher de votre objectif ultime.

Une vie passée à travailler pour les autres, parsemée d'insatisfactions, n'a aucun sens de la vivre.

Vous êtes beaucoup mieux, vous avez tout ce dont vous avez besoin pour faire une différence, pour vivre la vie dont vous avez toujours rêvé. Vous devez commencer à rédiger votre plan et à exécuter les actions que vous avez indiquées.

Pensez à tout ce qui ne va pas dans votre vie, votre travail, vos relations, écrivez-le et essayez maintenant de trouver une alternative à toutes ces attitudes.

Surmontez vos croyances limitantes, sortez enfin de votre zone de confort.

J'ai personnellement appliqué toutes les choses dont je parle dans ce livre dans ma vie. Au fil du temps, non seulement j'ai obtenu de meilleurs résultats dans mon travail, mais ma vie s'est beaucoup améliorée.

Je peux consacrer du temps à mes proches, je fais le travail que j'ai toujours aimé et je suis en paix.

Même pendant ma croissance j'ai fait plusieurs erreurs, j'ai échoué mais je me suis relevé de plus en plus fort qu'avant. J'ai toujours cru que je pouvais faire mieux et je l'ai fait.

Je tomberai probablement d'autres fois dans le futur aussi, mais tout cela ne me fera pas tomber, au contraire, cela me rendra plus fort.

Chaque échec est une leçon qui vous permet d'améliorer certaines facettes de votre personnalité.

Maintenant, vous pouvez enfin développer votre vision. Je veux que vous deveniez une personne différente, plus enthousiaste, pas désemparée par ses peurs, qui a une vision à long terme et qui croit fermement en elle-même.

J'espère que vous vous rendrez compte jour après jour qu'en appliquant tous les enseignements reçus dans ce livre, vous obtiendrez des bénéfices incroyables.

Comme je l'ai dit, ce n'est que le début, continuez à vous entraîner, continuez à lire, à voir des cours, à apprendre de nouvelles informations.

Souvenez-vous que la seule constante dans la vie est le changement. Vous êtes destiné à changer avec le temps, que le changement soit négatif ou positif dépendra uniquement de vous!

« Ne jugez pas chaque jour d'après la récolte que vous récoltez, mais d'après les graines que vous plantez. » - Robert Louis Stevenson

Made in United States
Orlando, FL
29 September 2024